Minulla on silmuja kynsieni alla

Tiina Johanna Mäki

Minulla on silmuja kynsieni alla

© 2025 Tiina Johanna Mäki

Taitto: Books on Demand

Kustantaja: BoD · Books on Demand, Mannerheimintie 12 B,

00100 Helsinki, bod@bod.fi

Kirjapaino: Libri Plureos GmbH, Friedensallee 273,

22763 Hampuri, Saksa

ISBN: 978-952-80-8593-5

Sisällys

Tarkkailija

Kostea ilma maiskuttaa minulle suutaan
autojen silmät lämmittävät

bussissa vieras tyttö puhuu itsekseen
haluaisin sanoa – tartu käteen
kieleni on rullalla, täynnä tikkuja
raskas höyhen lepää jalkapöytäni päällä.

Vedetty kello ponnahtaa kierteestään
minulla on aikainen lähtö
väljä ruohikko jalkojeni alla
lehdet kahisevat, kevään viuhkat

tarkkailen ympäristöäni
uimalasieni vääristymistä
vieras lintu laulaa kuin eunukki

maailma soljuu
varpaitani muserretaan

minuuteni ohut kalvo värisee
ahneet tulevat läpi.

*Tahdon kulkea eteenpäin mutta
mikään ei tartu ja silti kaikki*

*mennyt hengittää
imee pölyä, kierii koiran lailla
ravistelee, nostaa päätään.*

Muisto on haikea yllätysvieras
haava, jolla on ohut rupi
soudan sitä kohti ja se katoaa.

Järven rannalla aalto rullaa mattoaan
tahmean ruskea vesi ja nisunsileä pohja

huvilassa isoisä pelaa pasianssia
ja polttaa pikkusikareita
sikarirasian kannessa jokerilla viekas ilme
silmänisku kudottu jokaiseen hengenvetoon.

*Sukulaistädillä ikkunalaudalla
pyhästä paikasta tuotua vettä
siivousreissulla tyhjensin vesipullon viemäriin
kaikenlaisia epäjumalia!*

Äiti sai rippilahjaksi hammasharjan,
kävi kansakoulun
ja kirjoitti lapsen käsialalla loppuelämänsä

näen hänet kirjoittamassa kauppalistaa
kieli keskellä suuta
kävelemässä paljain jaloin ruohikolla
nyppimässä kuivuneita kukkia kukkapenkistä

en kysynyt, mitä hän ajattelee elämästään
ei peruskalliolta mitään kysytä
hän oli siinä ja minä kaipasin häntä jo silloin.

Isä pyörittää päätään
sanat ovat kadonneet

yöpöydän laatikossa
teipatut silmälasit
kuulolaite ilman paristoja
nenäliina, kännykkä

kadehdin niitä, jotka kuolevat saappaat jalassa.

Tukkapöllyä
luunappeja
kaurapuuroa
ropsua
köyhiä ritareita
housunlahkeita,
jotka jäivät pyörän kettingin väliin
undulaatteja,
jotka vapautimme luontoon

minulla oli kierot silmät ja laihat käsivarret
kuljin pitkähihaisissa koko kesän

naapurintyttö lukitsi minut häkkiin
ja pisteli tikulla

aikuisena hoksasin
minulla oli onnellinen lapsuus.

Arkajalka

Näet unia
päälaellaan kulkevia polkuja

ajatuksesi takkuuntuvat
sisältäsi kurkistaa arka eläin
pakenee saman tien

avaruus on täynnä pisaroita
sateen luisevat kädet

hamuat peittoa
olet paljas ja pelkäät.

Yöllä kolmen ja viiden välillä
ihmisen reunat törröttävät

kellotaulu ilman viisareita
tyhjä hyppy sydämen rytmissä

jokin on irronnut
musta hattu sängyn alla

paniikki ja lamaantuminen
hetki kuin lompakko katoaisi.

Kun tulet vieraaseen paikkaan
tarkistat kaapit ja kylpyhuoneen
katsot sängyn alle
ikkunaverhojen taakse
lukitset ovet

tuijotat hämärässä
kääntyykö kahva.

*Katolla pressu vuotokohdan päällä
lattiat narisevat, seinät rohisevat*

*et uskalla nukkua yksin siellä
jokin tuntematon paha ilmavirtaus
seinistä kurkottavat kädet kohti.*

*Yhtäkkiä senttimetrien etäisyys tuntuu
kilometreiltä
joku on piilotellut mustia kynnenalusiaan
odotellut sopivaa hetkeä.*

*Se tyttö pyysi minut syntymäpäiväjuhliinsa ja
minä suostuin/ minulla oli vähän ystäviä ja
tuntui kivalta, että joku pyytää/ sillä tytöllä oli
ulkonevat hampaat ja oli se muutenkin ruma/ en
minä oikeastaan tuntenut sitä/ se asui samassa
talossa kuin sukulaistäti, jonka luona kävin
siivoamassa/ sen isosisko oli pitkä vaalea ja sievä
ja se oli minun luokallani/ säälin sitä rumaa
tyttöä ja ajattelin että se tulee surulliseksi, jos en
suostu/ kävin ostamassa kaksi toffeepatukkaa
lahjaksi ja lainasin siskoni laukkua/ tapasimme
tuomiokirkon pihalla ja se tyttö johdatti
minut juhlapaikalle/ siellä oli metallisista
aidan paloista koottu häkki ja pari poikaa sen
ympärillä/ minä tiesin miltä tuntuu, kun kävelee
saamaan satikutia, mutta minä kävelin sinne/ se
tyttö sanoi minulle, että mene tuonne häkkiin ja
minä menin sinne/ istuin kyyryssä ja pidin kiinni
siitä laukusta, jonka sisällä oli ne toffeepatukat/
se tyttö otti pitkän tikun ja painoi sen kärjen
sieneen ja otti siitä töhnää ja tökki sillä/ se tyttö
kertoi juttua, että minä olen ollut tädin luona
siivoamassa ja täti on pitänyt minua huonona
siivoojana ja että minä laitan matot lattialle
niin että ne ovat aivan rutussa/ kuuntelin sitä
tyttöä ja ajattelin että jos olen paikallani aivan*

hiljaa niin en oikeastaan olekaan tässä vaan
odottelen jossakin kulman takana/ siitä häkin
vierestä meni tie ja siinä kulki aikuisia ihmisiä
autoilla ja ne tuijottivat ja sitten meni iso poika
pyörällä ja sekin tuijotti/ sitä tyttöä kutsui
nimellä nainen siitä läheltä kerrostalon pihalta ja
sitten se nainen käveli siihen häkille ja avasi sen
portin ja pyysi minua mukaansa/ istuin naisen
kotona sohvalla ja sitten se tyttö tuli sisään ja se
nainen sanoi sille, että sen pitää pyytää anteeksi
ja se pyysi/ minä itkin siinä sohvalla ja häpesin
ja sitten tuli se pitkä vaalea luokkakaverini ja
heilautteli niitä pitkiä hiuksiaan ja minä häpesin
vielä enemmän/ kotimatkalla söin toffeepatukat
ja kotona äiti kysyi, oliko ollut kivaa.

*Ne odottelivat siellä sillalla ja me menimme
siitä ohi vaikka olisi kannattanut paeta heti/
ja se poika tarttui minua takaapäin rinnoista
ja minulla oli siellä farkkutakin rintataskuissa
huulikiilto ja peitepuikko/ minä ajattelin että
nyt se poika ajattelee että minun rintani ovat
sellaiset kulmikkaat ja kovat/ rimpuilin itseäni
irti ja ne muut pojat vain nauroivat/ ja näin
ystäväni kävelevän kovaa vauhtia pitkin siltaa
toiseen suuntaan taakseen katsomatta/ tuuli
heilutti hänen hiuksiaan paljastaen isot pehmeät
hörökorvat.*

Pelko havisee sinussa
lepäät siinä
ilmaa virtaa sormiesi väleistä
ajatuksesi kehräävät

harmaa sade antaa sinulle luvan
vetäytyä itseesi, hengittää vettä ja roiskeita
avata suusi ja tunnustella pisaroita

tuoksut nousevat maasta
toisen hengitys tuntuu iholla
kaikki hieman lähempänä toisiaan

ketunnahka putoaa
alla pehmeää untuvaa.

Herääjä

Jotta huomaisit eläväsi
sinun on herättävä
löydettävä kartta ja marssittava
kammettava itsesi rantaan
noustava laivaan ja matkattava

toinen kätesi on hävinnyt
puolet keuhkoistasi pihisee
mutta olet sisilisko
kasvatat varaosia matkalla

sinulle on kasvanut kidukset
et pelkää hukkumista.

Toisten itsevarmuus on vain peruukki
peittää alleen harvat kohdat
ruvet ja niskapyörteet.

Silmät kiinni maailma salamoi
avaan korvieni ikkunat
värinät hölskyttävät leukojaan
ilman puhettakin olen hereillä

huomaan kynnet selässäni
ja sormistani tulevat siivet

auringon neulat pistävät
en jää varjoon
auraan peltoa paljain käsin.

Olen tuhlannut aikaa varautumiseen
siirtänyt viisareita eteenpäin
harjoitellut myöhästymistä
hengittänyt paperipussiin
kurkistanut sängyn alle
kärpäset tulevat sisälle kylmää pakoon
minä en enää pakene pääni sisälle.

Seilaan edestakaisin menneessä ja tulevassa
aika on juokseva koira
roikun hihnassa

huomaan olevani
keskeneräinen hahmo pukuhuoneessa
kaiken loppu ennen kuin pelivaatteet ovat päällä

teen hiuksenhienon väistön
kuin voikukan siementen lento
varjolla kauemmaksi.

Saimme äänioikeuden ja päiväkodit ja kaikki
silti naisia silvotaan ja pikkutyttöjä naitetaan
nainen edelleen mainoksessa valmiina
palvelemaan

matka alakynnestä tasa-arvoon on hidas
vastustajien sanojen välit ovat
tiukat kuin tikut rasiassa

miltä se sitten tuntuu kun
ottaa itselleen paikan eturivistä
tietäen että sillä on seurauksensa

älä nuolaise ennen kuin tipahtaa
ylpeys käy lankeemuksen edellä

tyhjän saa pyytämättäkin.

*Siivoat itsestäsi sääntöjä ja uskomuksia
entä jos antaisit niiden olla, eläisit*

*et enää ole se, joka väistää kadulla
kuljet tarvittaessa olkapäät paukkuen.*

En tunnista laumani hajua
mitä siitä, ei se hormoneista johdu
asiat ovat oudosti sekoittuneet

sukupuolen ja iän perhosvaikutus
minulla on lippu taisteluun
viidennen maailmanlopun jälkeen elämä sykkii.

Painajainen
herätä aamulla ja huomata
että kaikki muut
ovat samanlaisia kuin itse.

Suvun taikinajuureen leivottu
edessä valmiiksi kaluttu polku
puun juuret kuin suonet

kavutessani ylös tulevat yllätykset
kukat keskellä kaurapeltoa
mikä nautinto kävellä yli sääntöjen.

Levollinen

Minulla on silmuja kynsieni alla
niistä kasvaa takkuisia rihmastoja
ne kutittelevat, tuntuvat vatsassa

uniini tulevat nauravat sudet
kantavat selässään pelastettuja unelmia

hengitän tuulta, joka nuolee sormiani
kynsistäni tippuu keltaista ja vihreää.

*Illalla laitan kädet taikinaan ja
se tuntuu luomisteolta*

*tuuli ryskyttää ikkunoita
sytytän kynttilät
odotusta ja kaihoa*

*talvi ääntelee ulkona askelissa
hiljenee illan viitan alla
avaa silmänsä taivaalla.*

Näen puiden takkuiset hiukset
kuin linnunpesät
oudon kaunis häiriö

valoa virtaa ihon läpi
annan sille anteeksi pitkän poissaolon
päivä päivältä sen maku kasvaa
joka raosta sen on päästävä
ja yhtäkkiä omin lupinensa se lähtee
tullakseen takaisin.

Isoäiti osti krimiturkin
ajattelimme rahojen tuhlausta
kohta se kuitenkin kuolee

sinä keräsit pöytähopeita, astiasarjoja
kunnes aika alkoi siivota sinua
sitä ei kiinnosta yksityiskohdat
kaikki saa mennä luuhun saakka

jäljelle jää läpikuultava kalvo
jonka läpi näkyy kirkas valo.

Olen pukeutunut kokouimapukuun
piilottelen itseäni varjon alla
vatsamakkarat, kainalokarvat, säärikarvat,
naisviikset

uimarannalla vanhoja naisia bikineissä
puhuvat kovaan ääneen ja nauravat
katsovat ympärilleen ja ovat elossa
ovatko he päättäneet olla välittämättä

minä nousen tuolista ja kävelen veteen
tuuli kutittaa niskasta kuin paras ystävä.

Arkisten pienten asioiden rauha
kuppi kahvia, näkymä ikkunasta
kevyellä repulla voi tehdä matkaa vuosikaupalla.

Tappaja

*Auringolla on pisteliäs viitta
luinen puun oksa voi tulla silmään
jos olet sinisilmäinen.*

Vedät verisin hanskoin lasta kohdusta
vastasyntynyt on litteä, epämuodostunut
putoaa alusastiaan

ei elämisen edellytyksiä
pelkäät, että se alkaa hengittää

kiireesti viet sen roskiin
tapetoit tapahtuman kirjavan kuosin alle.

Et sinä ihmisistä aina pidä
kovaäänisistä
ohikatsovista
pahuutta lietsovista
itsestään puhuvista
korvansa sulkevista

entä jos saisit tappaa
noin vain suht sukkelaan
millä keinoin tappaisit

paukauttaisit pyssyllä
löisit vasaralla

siivoaisitko jälkesi
kertoisitko

entä jos omatunto vaivaisi
näkisitkö painajaisia
joku raapisi oveasi
tappaisi sinut.

*Hän makasi sängyssä, minä tapoin hänet
en tuntenut katumusta,
tuo ihminen oli tehnyt minulle pahaa
hän pelotti minua kuolleenakin,
kuten kaikki kiusaajat
itseluottamukseni oli hauras piparkakku*

*sitten minusta tuli kiusattuja puolustava
palkkamurhaaja.*

Olemme tappajia
varastamme kanoilta munat
koukutamme kalat
korostamme ihmisen hyvää luonnetta
syömme muovikuutioita ja hengitämme hiukkasia
lisäännymme holtittomasti
ja päästelemme kaasuja

valta hajoaa jalkojemme alta ja maa tuhoutuu
suljemme silmämme
omalta eläimellisyydeltämme.

Vanhalla miehellä amputoitu käsi
selkä kumarana sängyn laidalla
yksin asuva leski

ruumiinavauksessa todettiin
herralla on seurapiirirakko

tyttö repi hiuksiaan
irronneet hiustupot tukkivat lavuaarin

kuollut lapsi sinisenä äitinsä rinnoilla
kohdussa hirttäytyi hiljaa napanuoraansa

poika soitti opettajalleen
en tule huomenna kouluun
tappoi sitten itsensä.

Omaiset syövät asiakkaan ruuat ja vievät rahat
tulevat heinäsirkkaparvena
eläkkeen maksupäivänä
kyyryssä korppikotkat
sanoo hoitaja.

Kuolevainen

Kuolevaisuutensa kanssa alasti
vuodet auttavat ja eivät
käsittämään olemisen kaavaa

lapsi pelkää aikuisen sisällä
äidille ei voi enää soittaa

hiiri kaluaa selkää
juoksee häntänsä perässä

illan siipi jatkuu yöhön.

Yksinäisen ihmisen katse
jokaisen halu olla jollekin tärkeä

ei kukaan halua säälistä seuraa
edes viimeisillä tunneilla.

Linnut putoavat jäätyneinä
puut kasvavat juuret edellä
hampaattomat suut aukeavat

öinä, jolloin ääretön kumisee
herra ei ole minun paimeneni

kun valoa ei ole
tyhjyys ottaa kaiken tilan.

Syksyn limainen rihmasto
kostuneita lehtiä ja tulppaanin mukuloita
märkiä kenkiä, rikkoutuneita sateenvarjoja
koirankakkaa kengänpohjissa

sateen viileä hyväily
syksy on eltaantunut ja valmis hautaan.

Olet menossa ulko-ovella
käännyt takaisin

sinussa on
sitkeäjuurinen voikukka
harottavapiikkinen takiainen

miksi sitä ennen aikojaan
luopuisi tästä ainutkertaisuudesta
multaa syntyy myöhemminkin.

Ruumis on matkalaukku, jossa elämme
kuorelle ei ole myöhemmin käyttöä.

Hätävara aikuiselle
muutama sitkeä, ikuisesti elävä ystävä.